I0080699

par Bretagne

X

X

*Tout exemplaire est revêtu de la signature
de l'Auteur.*

La *Méthode* se compose de :

1° Un petit volume de 2 feuilles grand in-18 sur Jésus, format Charpentier ;

2° Douze transparents mobiles;

3° Deux tableaux pour la lecture murale ;

4° Méthode de calcul d'après les mêmes bases, cinq transparents.

Chaque partie se vend séparément.

S'adresser à l'Auteur, à Moulins-Engilbert (Nièvre), chez qui l'on trouvera également du papier écolier très-transparent, spécial à la Méthode. (*Affranchir*).

LA LECTURE

ENSEIGNÉE

PAR L'ÉCRITURE,

PAR

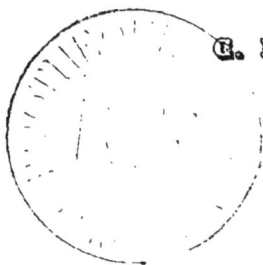 G. BRETAGNE.

NEVERS,

Imprimerie de P. BÉGAT, libraire, rue du Fer, 16.

1852.

AVIS.

    Cette **MÉTHODE** se recommande au choix des
instituteurs et des pères de famille par la disposition
des éléments de la lecture, par le mode d'épellation et
par la simultanéité dans l'étude de la lecture et de
l'écriture.

    Les éléments de lecture se trouvent réduits à
quarante environ (*) ; ils sont disposés en table de
multiplication, de telle sorte qu'un jeune élève peut
en trouver facilement toutes les combinaisons.

    Le mode d'épellation consiste d'abord dans la pro-
nonciation lente des éléments séparés, puis ensuite
dans cette même prononciation plus rapide et de la-
quelle on retranche le son *e*. Ainsi, *ami, manteau,*

(*) Parmi les consonnes composées, nous ne comptons comme
éléments que *ch, ill, ph, gn ;* les autres, telles que *bl, cl,* etc., ne
présentent aucune difficulté à l'élève qui en connaît déjà les
lettres constituantes.

clou, chemin, se lisent *a me i, me an te au, cle ou, che me in*; puis, prononçant plus rapidement et faisant disparaître le son *e*, on obtient *ami, manteau,* etc. A proprement parler, l'épellation n'est autre chose que la prononciation plus ou moins rapide des éléments, ou mieux il n'y a aucune épellation.

La simultanéité de la lecture et de l'écriture est une innovation qui, à elle seule, doit faire le succès de la méthode. Un simple calcul en fera comprendre toute l'importance.

Soit à trouver le temps d'étude sérieuse, employé par un jeune enfant occupé exclusivement à la lecture, dans le courant d'une année; les dimanches, les jeudis, le mois de vacance, les congés ordinaires et extraordinaires supprimés, l'année scolaire n'est guère que de deux cents jours;

Soit une école de soixante élèves, ne formant qu'une seule division, et exclusivement occupés de lecture, à six heures de classe par jour; chaque élève lira une minute par heure, six par jour, vingt heures pour l'année scolaire!!!

En admettant, ce qui est vrai, que la lecture suivie aide aux progrès, à peine chaque élève aura-t-il plus de vingt heures d'études. Car où trouver une classe d'une seule division occupée exclusivement de lecture? Où trouver aussi un enfant de quatre à cinq ans capable de bien suivre seulement pendant un quart d'heure?

Une méthode donc, qui donnerait au maître la faculté d'occuper constamment l'élève, devrait avoir pour résultat une lecture courante après quelques mois de classe ; or, cette faculté, comme on le verra par l'application, existe dans la simultanéité de la lecture et de l'écriture.

Quant à l'eutde de l'écriture considérée séparément, le moyen employé dans cette méthode est tout simplement le calque. L'auteur ne se dissimule pas combien le calque répugne aux professeurs, cependant il espère que dans quelques années ce travail tout mécanique sera introduit dans la plupart des écoles ; en effet, le maître trouvera avantage à obtenir dans quelques mois et sans difficultés les mêmes résultats qu'il n'obtient qu'après de longs et pénibles travaux. On a jusqu'ici amené la pratique par l'observation, tandis que l'on devait, surtout pour l'enfant, n'arriver à l'observation que par la pratique. Du reste, rien ne prouve plus en faveur du calque que les nombreux et beaux résultats obtenus par les méthodes *Tirpenne*, *Cavé* et *Taupier*, dont le seul désavantage est de revenir à un prix annuel de 40 à 50 fr. par élève.

Mécanisme de la Méthode.

La méthode se compose de deux parties, l'une imprimée, l'autre lithographiée. Cette dernière comprend douze transparents mobiles : le premier transparent sert à exercer l'élève à la tenue du corps et de la plume; le douzième est composé d'écritures diverses : il doit servir pour le verso de chaque feuille du cahier d'écriture.

Les élèves doivent être ainsi classés :

1re SECTION. — *Etude des éléments.* — Du deuxième au troisième transparent.

2e SECTION. — *Etude des combinaisons.* — Du troisième au sixième transparent.

3e SECTION. — *Application.* — Du sixième au dixième transparent.

PREMIER EXERCICE.

Teus les élèves ont le transparent placé sous la feuille à écrire :

3e *Section,* sixième transparent. — Le premier de table lit à haute voix : *ami,* le deuxième de table répète *a me i*; tous les élèves de la section écrivent.

2e *Section,* troisième transparent. — Le premier de table : *ba,* le deuxième de table *be a*; les élèves écrivent.

1re *Section,* premier transparent. — Le premier de table *A,* le deuxième répète, les autres écrivent.

La troisième section reprend, seulement le deuxième de table prononce, le troisième répète, et ainsi de suite jusqu'au dernier de table.

DEUXIÈME EXERCICE.

Chaque section est partagée en deux groupes. Le premier groupe lit et suit sur la partie imprimée ; le second groupe écrit suivant la lecture. Puis ensuite le premier groupe devra écrire, tandis que le second groupe lira.

L'élève, trop jeune pour la tenue de la plume, pourra tracer au crayon. L'élève devra surtout être exercé sur le premier transparent ; cet exercice est de première importance : il présente de grandes difficultés. Cinq à six jours suffisent cependant, lorsque le maître s'en occupe activement, pour que l'élève suive exactement les tracés et soit maître des mouvements de la plume.

Deux tableaux pour la lecture en cercle accompagnent la *Méthode* sans en faire partie absolue. Les remarques suivantes devront être faites de temps en temps aux élèves, non pas pour la plupart comme règles, mais seulement comme moyen de hâter les progrès : *Y* se prononce comme *i*. — *E*, devant une consonne, est souvent fermé. — *C*, devant *e*, *i*, *y*, se prononce comme *s*. — *G*, devant *e*, *i*, *y*, se prononce comme *j*. — *H* est généralement nul. — L'*E* muet est généralement nul, excepté lorsqu'il est accompagné de *u*. — *I*, *y*, accompagné de *m* ou *n*, fait presque toujours *ain*.— *Es*, à la fin des mots, ne se prononce pas, excepté dans *les*, *des*, *mes*, *tes*, *ces*, où il se prononce comme *é*.—*Ed*, *er*, *ers*, *et*, *ets*, *ez*, se prononcent comme *é*. — *Ti* se prononce quelquefois *si*. — *En* se prononce quelquefois *in*.

Première Leçon.

ÉLÉMENTS.

—

Prononçez les réunions de lettres sans épellation.

A a – E e eu œu – é è ê ai ei – I i Y y (Prononcez i) – O o au eau – U u – ou – oi – an am en em – in im yn ym ain aim ein eim – un um eun – on om –

B b,	C c,	D d,	F f,	G g,	H h,
be	que	de	fe	gue	e

J j,	K k,	L l,	M m,	N n,	P p,
je	que	le	me	ne	pe

Q q,	R r,	S s ç,	T t,	V v,
que	re	se	te	ve

X x,	Z z.
kse	ze

Prononçez les quatre premières consonnes :
che, ph, gn, ill, d'une seule émission de
voix; les autres se lisent d'abord : *bele,
quele, fele*, puis ensuite d'une seule émission
de voix, en faisant disparaître le son *e* : *ble,
cle, fle*.

Ch, ph, gn, ill (mouillez), **bl, cl,
fl, gl, pl, br, cr, dr, fr, gr,
pr, vr, tr, ps, phl, phr, thr,
sb, sc, sp, st, str.**

Minuscules anglaises.

*a b c d e f g h i j k l m n o p q
r s t u v x y z*

Majuscules anglaises.

*A B C D E F G H I K
L M N O P Q R S E
U V X Y Z*

Chiffres arabes.

**I II III IV V VI VII VIII IX
X XL L C D M**

| 10 | 40 | 50 | 100 | 500 | 1000 |

Chiffres Romains.

1 2 3 4 5 6 7 8 9 0

Deuxième leçon.

COMBINAISONS DES ÉLÉMENTS.

Prononçez : *be a, a be,* puis ensuite : *ba, ab.*

Éléments.	a	e œu eu	é ai ei	i y »	o au eau	u	ou	oi
B b	Ba	be	bé	bi	bo	bu	bou	boi
	Ab	eub	eb	ib	ob	ub	»	»
C c	Ca	ce	cei	cy	cau	cu	cou	coi
	Ac	euc	ec	ic	auc	uc	»	»
D d	Da	de	dé	di	dau	du	dou	doi
	Ad	eud	aid	id	od	ud	»	»
F f	Fa	feu	fai	fi	fau	fu	fou	foi
	Af	œuf	ef	if	of	uf	»	»
G g	Ga	ge	gé	gy	go	gu	gou	goi
	Ag	eug	eg	ig	aug	ug	»	»
H h	Ho	he	hé	hy	ho	hu	hou	hoi
	Oh	euh	eh	ih	oh	uh	»	»
J j	Ja	je	jai	jy	jau	ju	jou	joi
	Aj	euj	aij	ij	oj	uj	»	»
K k	Ka	kœu	ké	ki	kau	ku	kau	kœi
	Ak	euk	aik	ik	ok	uk	»	»

Éléments.	a	e œu eu	é ai ei	i y »	o au eau	u	ou	oi
L l	La	le	lai	li	lau	lu	lou	loi
	Al	eul	el	il	ol	ul	»	»
M m	Ma	me	mai	mi	mo	mu	mou	moi
N n	Na	ne	nei	ny	nau	nu	nou	noi
P p	Pa	peu	pai	pi	pau	pu	pou	poi
	Ap	eup	ep	ip	op	up	»	»
Qu qu	Qua	que	qué	qui	quo	qu'u	»	quoi
	Auq	euq	aiq	iqu	oqu	uqu	»	»
R r	Ra	reu	rai	ri	ro	ru	rou	roi
	Ar	eur	air	ir	aur	ur	our	oir
S s	Sa	sœu	sai	sy	seau	su	sou	soi
	As	eus	es	is	os	us	»	»
C ç	Ça	ceu	çai	cy	ço	çu	çou	çoi
T t	Ta	te	té	ti	to	tu	tou	toi
	At	eut	et	it	aut	ut	»	»
V v	Va	vœu	vai	vi	vo	vu	vou	voi
	Av	euv	ev	iv	auv	uv	»	»
X x	Xa	xe	xai	xi	xo	xu	xou	xoi
	Ax	eux	ex	ix	aux	ux	»	»
Z z	Za	zeu	zei	zi	zau	zu	zou	zoi
	Az	euz	ez	iz	oz	uz	»	»

Troisième leçon.

COMBINAISONS DES ÉLÉMENTS.

Prononcez ainsi : *che an*, *che in*, *che un*, puis ensuite supprimez le son *e*, pour lire d'une seule émission de voix : *chan*, *chin* *chon*, etc.

Éléments.	an am en em	in - ain im – aim yn - ein ym - eim	un um eun	on om
CH ch	chan	chin	chun	chon
PH ph	pham	phim	phum	phom
GN gn	gnen	gnain	gnun	gnon
ILL ill	illem	illeim	illeun	illom
BL bl	blan	blym	blun	blon
CL cl	clam	clyn	clum	clom
FL fl	flen	flaim	flun	flon
GL gl	glan	glein	glun	glom
PL pl	plen	plein	plum	plom

Éléments.	an am en em	in-ain im-aim yn-ein ym-eim	un um eun	on om
BR br	bren	brain	brun	bron
CR cr	cran	crin	crun	cron
DR dr	dran	drin	drun	drom
FR fr	fran	frin	frun	fron
GR gr	gren	grain	greun	grom
PR pr	pren	pryn	prun	pron
VR vr	vran	vrein	vrum	vrom
TR tr	trem	train	treun	tron
PS ps	psam	psim	psum	psom
PHL phl	phlan	phlain	phlum	phlon
PHR phr	phren	phrein	phrun	phrom
THR thr	thran	thrym	»	thron
SB sb	sbam	sbin	sbun	sbom
SC sc	scen	scain	»	scon
SP sp	spem	spyn	spun	spom
ST st	stan	stein	stun	ston

Quatrième leçon.

APPLICATION.

—

Ami bâti café dure école filé gaze halle ilot joli kilo lime mari noce ôté pâté quête robe sera tapi une volé zèle affamé badine ca- vité délire égalité fatalité généralité hérétique image jatte kilogone lacune magi- que naturelle originalité parasitique qualité réalité

similitude ténacité unique
véracité zibeline aubaine
bateau eunuque couteau
causeuse vœu boudeuse rai-
nure dizaine heureuse ba-
laineau vigoureuse souve-
raine neigeuse voiture l'oi-
seau toiture toute jeu
souriceau neuvaine peiné
fameuse roseau mouture.

Cinquième leçon.

APPLICATION.

—

Chanson philosophie pei-gne vaillance bouteille blan-chissage clignotement fla-con glouton plaisant bri-gand crapaud droguerie framboise grognon prin-temps vraisemblablement tranchoir psalmodie phrase scandale spirituel stagnant bouton campagne dindon enfance fanfaron gambade hareng importance jambon louange mensonge négligence oraison panthère quinze récompense sentiment tampon urgent vagabond exempt zéphir asphyxié athlétique sculpture sphérique stomacal.

Sixième leçon.

APPLICATION.

—

Albâtre bercail collègue distinctif effervescence for-mel glacial historial inalté-rable jaillissant kilomètre larcin malgracieux négatif olympique pathétique quel-conque recueillir saupou-drer tenaille ustensile valoir yeux zénith associé bouil-loire déloyal envoyé fluxion glacière héroïque index joyeux kiosque labyrinthe mieux noyau oriental paroissien quille royal scrutin tuyau unième verdoyant zinc point portion moins action patient conspiration bien mention mitoyen.

APPLICATION.

—

Mes pieds, les loups, ces chats, tes poings, des champs, ses cahiers, ils mangent, elles prient, ils rient, elles tremblent, il est vieux, vous êtes superstitieux, une belle exhor-tation, un martyr, une fraction, la gestion, un chœur de musiciens, ta voiture, la mienne, son chapeau, le tien, le mien, des séditieux, un archange, votre protection, les rois capétiens, il a balbutié, de l'onguent, les sacs, des fusils, le scorbut, ils tra-vaillent, elles courent.

APPLICATION.

—

Il fit le plongeon ; cet arbre ombrageait le jardin; nous avons employé un stratagème ; ils jouent bien du flageolet ; Emile et Paulin sont bien négligents ; le voyageur est arrivé ; ce miel est doux; des nœuds bien faits ; tu perds notre confiance ; ces

2

coings sont trop mûrs; un enfant braillard; le chiendent est trop vert; des ifs et des cyprès nombreux; vos doigts sont engourdis; les tapis brillants et soyeux; ta sœur et la mienne sont parties; ce vin est exquis; ces portraits sont bien ressemblants.

Neuvième leçon.

APPLICATION.

—

Du drap noir ; la voûte des cieux ; j'ai vu quatre-vingts soldats ; cette liqueur est très-spiritueuse ; des brouillards épais ; un faubourg populeux ; des yeux flamboyants ; vos droits ne sont pas assurés, il acquiert de la fortune ; ce pourpoint est taché ; des mouvements convulsifs,

une grande impartialité ;
apporte-moi le vinaigrier ;
Dieu est miséricordieux ;
il nous a encouragés ; vous
racontez bien naïvement ;
Il s'est montré très-scrupu-
leux ; ces miaulements nous
déplaisent ; votre éléphant
est dangereux.

LECTURE COURANTE.

CONVERSATIONS ENFANTINES

PAR BERQUIN.

1. Bon jour , Charles,

2. Venez vous asseoir sur cette petite chaise qui est à mes pieds.

3. Bon. Posez votre livre sur mes genoux.

4. Je vais prendre une

grande épingle pour vous montrer vos lettres.

5. Nous allons bien nous amuser, je crois.

6. Ce livre est fait tout exprès pour réjouir les enfants.

9. C'est un grand plaisir de savoir lire tout seul.

8. Voyez comme je suis aise quand je lis.

9. Vous serez bien aise à votre tour, quand vous saurez lire.

10. Vous trouverez dans votre livre les plus jolies histoires.

11. Elles sont justement à votre portée.

12. Allons. Il faut nous dépêcher d'apprendre.

13. Etes-vous prêt?

14. Commençons.

———

15. Papa, où est Charles?

16. Oh! devinez.

17. Où donc est ce petit garçon?

18. Il faut le chercher.

19. Voyez dans tous les coins.

20. Ne bougez pas, Charles.

21. Papa ne saura pas vous trouver.

22. Il n'est pas ici, peut-être?

23. Pardonnez-moi, il est dans la chambre.

24. Il est donc bien caché.

25. Voyez, cherchez encore.

26. Je ne le trouverai pas.

27. Je le crois bien.

28. Le voici, le voici.

29. Il était sous le tablier de Maman.

30. Qui frappe ?

31. Charles, allez ouvrir la porte.

32. Ah! c'est votre petite cousine !

33. Bonjour, Agathe, venez me baiser.

34. Vous n'avez pas déjeûné encore ?

35. Eh bien! vous dé-
jeûnerez avec mon fils.

36. Vous en souvenez-
vous, Charles?

37. Agathe vous donna
l'autre jour la moitié de son
gâteau.

38. Aujourd'hui, vous lui
donnerez de vos cerises.

39. C'est un grand plai-
sir de donner aux autres
de ce que nous avons.

———

40. Papa, prêtez - moi
votre canne, je vous prie.

41. Pourquoi donc, mon
fils?

42. J'en veux faire mon cheval.

43. Voyez-vous?

44. Voici mon fouet.

45. Allons, au galop.

46. Fort bien, Charles, à merveille.

47. Prenez garde au fauteuil.

48. Allez, à présent.

49. Faites trois tours dans la chambre.

50. Un, deux, trois.

51. On ne peut pas mieux.

52. Il faut maintenant donner trois baisers à votre maman.

53. Le joli petit épagneul?

54. Il n'est pas plus gros que mon poing.

55. Que vous veut-il?

56. Il s'avise, je crois, de japer.

57. N'ayez pas peur,

58. Il ne vous fera pas de mal.

59. Voyez, il remue la queue.

60. Il vient lécher ma main.

61. Il veut être de nos amis.

62. Le chien est un animal bien caressant.

63. Les petits garçons

qui les battent ou qui leur jettent des pierres sont bien méchants.

64. Vous ne ferez pas comme eux.

65. Oh ! je vous connais, Charles.

66. Je suis sûre que cela ne vous arrivera jamais.

═══

67. Voilà deux hommes à cheval.

68. Je crois les connaître.

69. Eh, oui, c'est M. Dumont, qui va prendre l'air avec son fils.

70. Il doit être bien con-

tent de lui, pour le mener
ainsi promener.

71. Voilà ce que l'on
gagne à être sage.

72. Ils sont déjà bien
loin.

73. On ne les voit plus.

74. Charles, quand vous
serez grand,

75. Quand vous saurez
bien lire,

76. Votre papa vous don-
nera des bottes;

77. Il vous donnera un
joli cheval blanc,

78. Et vous pourrez
aller vous promener avec
lui.

79. Il me tarde bien

de voir l'air que vous aurez à cheval.

1. Il fait déjà grand jour.

2. Ouvrez les yeux, petit garçon.

3. Allons, levez-vous.

4. Nanette, venez habiller Charles, je vous prie.

5. Vous voilà déjà prêt?

6. Descendons.

7. Le déjeûner nous attend.

8. Voici du lait tout frais.

9. Ne jetez pas de pain à terre.

10. Si vous en avez trop, il y a les gens qui n'en ont pas assez.

11. Entendez-vous ce petit pauvre, qui est à la porte de la rue?

12. On voit qu'il n'a pas déjeûné, il pleure.

13. Donnez-lui de votre pain.

14. Oh! comme il mange de bon appétit.

15. Ses larmes ne coulent plus.

16. Il cherche à vous sourire.

17. Vous devez être bien content de l'avoir rendu si joyeux.

18. Maman, où est Minet?

19. Il vient de se cacher sous l'armoire.

20. Oh! je vais l'attrapper.

21. Que faites-vous donc?

22. Vous le tirez par la queue?

23. Prenez-y garde.

24. Il va sûrement vous égratigner.

25. Attendez qu'il vienne à vous.

26. Il ne vous fera pas attendre long-temps.

27. Je vous le disais bien.

28. Tenez, le voici.

29. Il ne demande pas mieux que de jouer, pourvu qu'on ne lui fasse pas de mal.

3o. Caressez-le bien doucement.

31. Vous le frottez à rebours de son poil.

32. Il n'aime pas cela.

33. Pourquoi faire de la peine au pauvre Minet.

34. J'entends crier, je crois.

35. Il faut que ce soit ma pauvre Louise.

36. Comment ! c'est vous, Charles.

37. Vraiment, je ne l'aurais pas imaginé.

38. Je le pardonne à Louise.

39. La pauvre petite ! elle ne sait pas encore parler.

40. Elle n'a que ses cris pour se

faire entendre.

41. Mais vous qui savez déjà parler, fi donc.

42. Certes, si votre papa le savait, il serait très-fâché contre vous.

43. Il s'est bien trompé sur votre compte.

44. Il disait l'autre jour que vous étiez déjà un homme.

45. Le joli homme vraiment, qui se met à crier pour une bagatelle.

46. Qu'aviez-vous à pleurer tout
à l'heure?

47. Voyez, maman, la bosse que
j'ai au front.

48. Eh quoi? vous pleurez pour
si peu de chose?

49. C'est que cela me fait bien
mal.

50. Et comment ce mal vous est-il arrivé ?

51. Cette vilaine table ! J'ai voulu passer par-dessous. Elle m'a cogné la tête.

52. Et vous l'appelez vilaine pour cela.

53. Mais oui.

54. Elle n'a pourtant pas bougé de sa place pour venir vous frapper!

55. Non maman.

56. N'est-ce pas vous qui êtes allé vous heurter contre elle ?

57. Hélas ! oui.

58. Ainsi donc qui de vous deux a tort ?

59. Pour moi, je ne vois que les étourdis qui méritent d'être grondés.

60. Venez, Charles, venez.

61. J'ai de bonnes nouvelles à vous apprendre.

62. Voici Nanette qui revient de la foire.

63. Attendez un moment, vous n'avez pas besoin de courir.

64. Je lui ai fait signe de monter ici tout droit.

65. Elle a bien des choses dans son tablier.

66. C'est vous, Nanette, entrez.

67. Voyons. Que nous apportez-vous?

68. Ha! ha! un petit charriot! des quilles! un bilboquet!

69. Pour qui tous ces joujoux, je vous prie?

70. C'est pour Charles, madame.

71. Pour moi! Oh? grand merci, ma chère Nanette.

72. Eh bien! mon fils, vous le voyez, Nanette pense toujours à vous.

73. Si vous alliez jamais la maltraiter, nous ne serions plus bons amis.

74. Vous seriez trop méchant.

75. Voilà un joli papillon.

76. Comme il a de belles couleurs !

77. Tâchons de l'attrapper.

78. Où allez-vous, joli papillon ?

79. Bon ! le voilà de l'autre côté de la haie.

80. Il est plus leste que nous.

L'ORAISON DOMINICALE.

NOTRE Père, qui êtes aux cieux, que votre nom soit sanctifié ; que votre règne arrive ; que votre volonté soit faite sur la terre comme au ciel ; donnez-nous aujourd'hui notre pain quotidien ; pardonnez-nous nos offenses, comme nous pardonnons à ceux qui nous ont offensés ; et ne nous laissez pas succomber à la tentation, mais délivrez-nous du mal. Ainsi soit-il.

LA SALUTATION ANGÉLIQUE.

JE vous salue, Marie pleine de grâces, le Seigneur est avec vous; vous êtes bénie entre toutes les femmes, et Jésus, le fruit de vos entrailles, est béni.

Sainte Marie, mère de Dieu, priez pour nous, pauvres pécheurs, maintenant et à l'heure de notre mort. Ainsi soit-il.

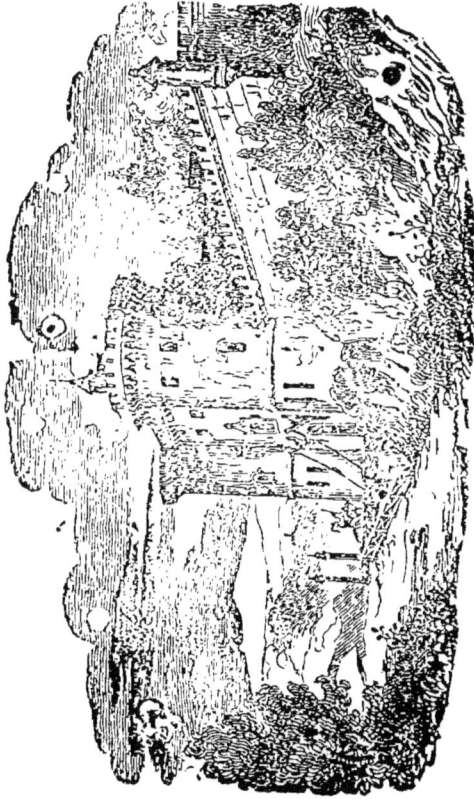

LE SYMBOLE DES APÔTRES.

Je crois en Dieu, le Père tout-puissant, Créateur du ciel et de la terre ; et en Jésus-Christ, son Fils unique, notre Seigneur, qui a été conçu du Saint-Esprit, est né de la Vierge Marie, a souffert sous Ponce-Pilate, a été crucifié, est mort et a été enseveli, est descendu aux enfers, le troisième jour est ressuscité d'entre les morts ; est monté aux cieux, est assis à la droite de Dieu le Père tout-puissant, d'où il viendra juger les vivants et les morts.

4

Je crois au Saint-Esprit, la sainte Église catholique, la communion des saints, la rémission des péchés, la résurrection de la chair, la vie éternelle. Ainsi soit-il.

LA CONFESSION DES PÉCHÉS.

Je confesse à Dieu tout-puissant, à la bienheureuse Marie, toujours vierge, à saint
Michel archange, à saint Jean-Baptiste, aux
Apôtres saint Pierre et saint Paul, à tous les
saints (et à vous, mon Père), que j'ai beau-
coup péché par pensées, par paroles et par
actions : c'est ma faute, c'est ma faute, c'est
ma très-grande faute. C'est pourquoi je prie
la bienheureuse Marie toujours vierge, saint

Michel archange, saint Jean-Baptiste, les Apôtres saint Pierre et saint Paul, tous les saints (et vous mon Père), de prier pour moi le Seigneur notre Dieu.

Que le Dieu tout-puissant nous fasse miséricorde, et qu'après nous avoir pardonné nos péchés, il nous conduise à la vie éternelle. Ainsi soit-il.

Que le Seigneur tout-puissant et miséricordieux nous accorde le pardon, l'absolution et la rémission de nos péchés. Ainsi soit-il.

LES COMMANDEMENTS DE DIEU.

Un seul Dieu tu adoreras,
  Et aimeras parfaitement.

Dieu en vain tu ne jureras,
  Ni autre chose pareillement.

Les Dimanches tu garderas,
  En servant Dieu dévotement.

Tes pères et mère honoreras,
  Afin de vivre longuement.

Homicide point ne seras,
  De fait ni volontairement.

Luxurieux point ne seras,
  De corps ni de consentement.

Le bien d'autrui tu ne prendras,
   Ni retiendras à ton escient.

Faux témoignage ne diras,
   Ni mentiras aucunement.

L'œuvre de chair ne désireras,
   Qu'en mariage seulement.

Biens d'autrui ne convoiteras,
   Pour les avoir injustement.

LES COMMANDEMENTS DE L'ÉGLISE.

Les Fêtes tu sanctifieras,
    Qui te sont de commandement.

Les Dimanches la Messe ouïras,
    Et les Fêtes pareillement.

Tous tes péchés confesseras ,
    A tout le moins une fois l'an.

Ton Créateur tu recevras,
    Au moins à Pâques humblement.

Quatre-temps, vigiles, jeûneras,
Et le Carême entièrement.

Vendredi chair ne mangeras,
Ni le samedi mêmement.

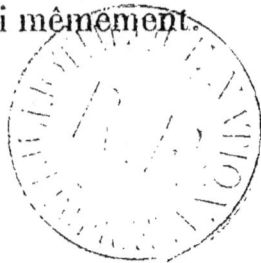

FIN.

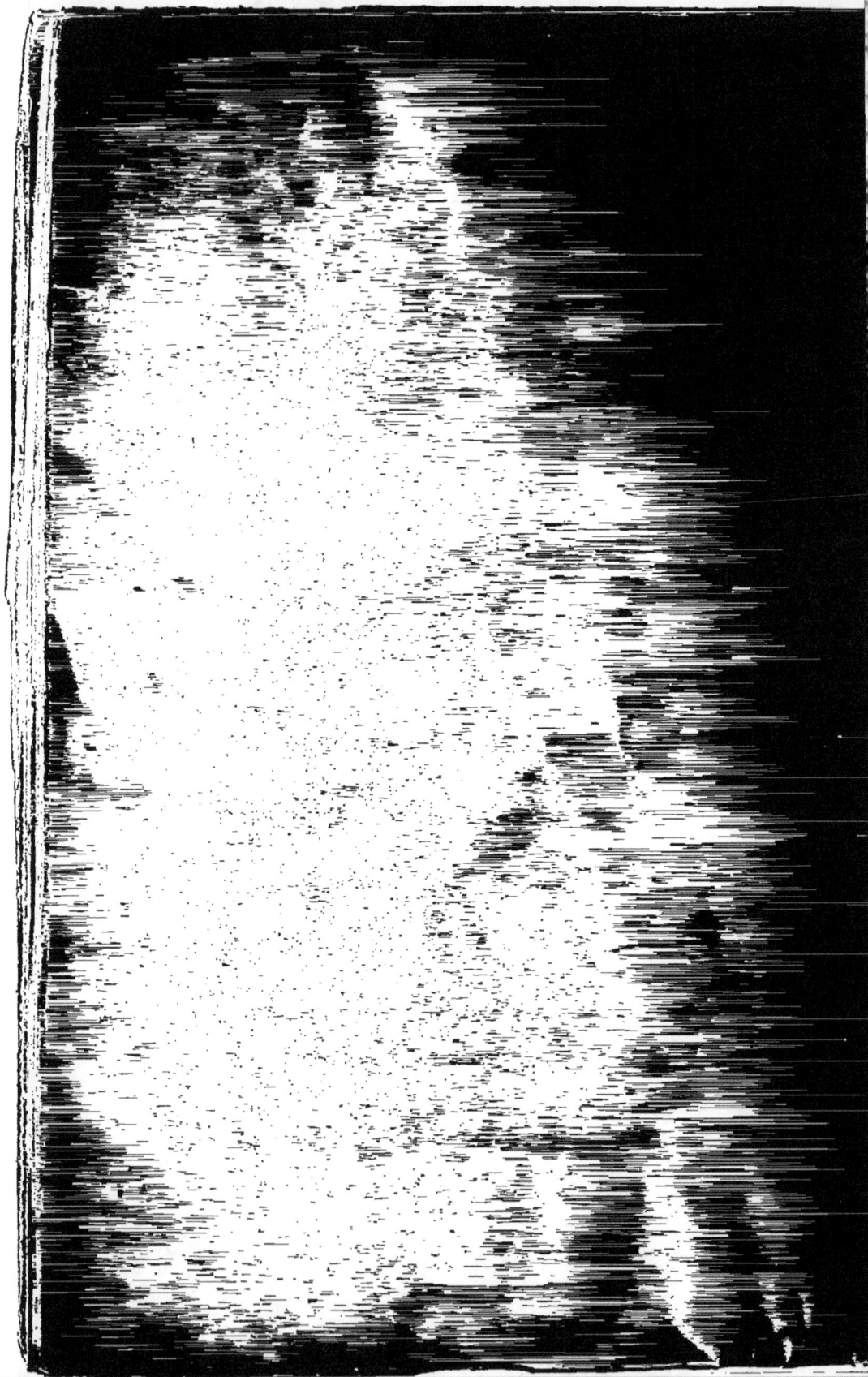

www.ingramcontent.com/pod-product-compliance
Lightning Source LLC
LaVergne TN
LVHW022014080426
835513LV00009B/728